AF250969

POLYZOÏSME

OU

PLURALITÉ ANIMALE CHEZ L'HOMME

Par M. DURAND (DE GROS)

L'homme, pour se connaître bien soi-même, doit connaître les autres animaux. Ceci est une vérité désormais acquise, et devant cette réunion, plus que partout ailleurs, il serait superflu de la démontrer. Nous le savons tous, l'organisation humaine se retrouve dans l'organisation des autres espèces à l'état de rudiments et de fractions, à l'état de menue monnaie, pour ainsi dire ; et de là cette heureuse conséquence que beaucoup de problèmes anthropologiques dont aucune analyse directe ne saurait venir à bout, tant les éléments en sont complexes et solidaires, se résolvent tout à coup et d'eux-mêmes, une fois ramenés aux formules simples de l'animalité inférieure.

Ainsi le développement de l'anthropologie se trouve lié par une dépendance étroite au développement de la biologie comparative : nous devons donc seconder les progrès de celle-ci. Anthropologistes, nous devons nous appliquer surtout à la débarrasser de ses entraves, afin que notre science puisse à son tour prendre un libre essor.

Et, en effet, l'étude des analogies biologiques diverses qui unissent l'homme au reste des animaux n'a avancé jusqu'ici qu'en se débattant contre les entraves du préjugé. Je veux parler de ces opinions préétablies sur la nature de notre être, qui, profondément implantées dans nos cerveaux

"

et dans nos cœurs, dans nos mœurs, nos institutions et les intérêts de la vie, opposent une résistance obstinée quand la science positive, dont elles avaient pris la place, vient un jour les déranger. Ces surperstitions anthropologiques, auxquelles le savant n'est guère moins assujetti que l'ignorant et dont le philosophe rationaliste n'est pas toujours plus exempt que le théologien, ont tout d'abord combattu la pensée de rapprocher toutes les formes inférieures de la vie entre elles pour les comparer à celle qu'elle revêt en nous; puis, elles ont fait tous leurs efforts pour obscurcir et neutraliser les lumières qui s'étaient dégagées de ce parallèle.

Rien nous semble-t-il aujourd'hui plus déraisonnable, plus manifestement contraire à la logique et à l'observation que de soutenir, d'une part, que notre cerveau a pour toute fin et tout office de servir d'instrument au sentiment et à la pensée, et, d'autre part, que ces facultés sont étrangères absolument au cerveau de l'animal, tout en reconnaissant pourtant que l'un et l'autre cerveau, que tous les cerveaux, sont histologiquement, organologiquement et physiologiquement semblables ? Et néanmoins le « pur automatisme des bêtes » a été professé par l'histoire naturelle comme un axiome des moins contestables, jusque dans ces derniers temps. Ce préjugé scientifique ne pouvait pas être sans conséquence pour le progrès de l'anthropologie. Quelle fut cette conséquence ? Ce fut, on le devine, de rétrécir et d'enrayer l'étude positive de l'homme mental, en privant cette étude des indications plus ou moins indispensables qu'elle devait puiser dans l'étude collatérale des faits psychiques offerts par les autres espèces. Quand Réaumur, rompant avec l'opinion régnante, osa inaugurer la psychologie expérimentale des insectes, il fit scandale, et la science orthodoxe s'empressa de l'excommunier. « Imbécillité ! » tel est le mot dont Buffon s'est servi pour caractériser l'œuvre de ce novateur ingénieux et hardi. Voici encore le même jugement du grand naturaliste philosophe, formulé en termes solennels : « Une république d'a- « beilles, a-t-il écrit, ne sera jamais, aux yeux de la raison, « qu'une foule de petites bêtes qui n'ont d'autre rapport « avec nous que celui de nous fournir de la cire et du miel.»

La science, Dieu merci, a secoué enfin ce préjugé honteux, et, après avoir été condamnée comme une erreur folle et blasphématoire, la psychologie comparative est aujourd'hui en honneur. Mais pour s'être dégagé de cette prévention grossière, le jugement du biologiste a-t-il donc recouvré toute sa liberté ? Non, certes, car d'autres préventions tout aussi aveugles et plus fâcheuses l'entraînent encore, et l'anthropologie reste privée des enseignements les plus précieux que les découvertes de la zoologie tiennent pour elle en réserve. Le mémorable débat sur l'origine des espèces n'a-t-il pas attesté cette situation ? Dans cet ordre de questions, du moins, le préjugé n'a pas eu seul la parole, la discussion a pu le saisir corps à corps et l'ébranler ; mais, je viens vous signaler un autre point de la biologie comparative où cette obscure influence règne sans conteste, où pas un adversaire ne s'est présenté jusqu'ici pour la combattre. Et cependant ce point scientifique n'est pas insignifiant ; je le déclare l'un des plus importants pour la connaissance intégrale de l'homme ; je n'en sais pas un autre qui tienne à plus de questions et d'intérêts.

Entrevue par quelques anciens, la véritable organisation des invertébrés a été mise pleinement à découvert par la science contemporaine. Un fait immense, dont la portée ne fut pas d'abord saisie, a été révélé ; il a été reconnu que l'animal de cette catégorie n'est pas un animal simple et indivisible, mais un composé, une réunion d'animaux distincts formant entre eux une sorte de société de coopération vitale, et unis les uns aux autres, suivant le degré d'organisation de cet ensemble, par une solidarité plus ou moins étroite, par une unité systématique plus ou moins compliquée et parfaite. Ne voyez-vous pas où une pareille découverte mènerait si cette loi surprenante de l'organisation des invertébrés, le *polyzoïsme*, allait s'étendre aux vertébrés et à l'homme !... Quoi ! chacun de nous ne serait plus une simple personne, mais représenterait toute une légion de véritables unités animées, de véritables individus au sens physiologique et au sens moral? Certes une pareille nouveauté bouleverserait les idées de plusieurs, et l'on peut affirmer sans crainte que toutes les doctrines les plus diverses ou les plus contraires dont l'homme fait le sujet, médecine, psychologie, morale, jurisprudence, théologie, spiritualisme, matérialisme et positivisme, n'auraient, pour la première fois, qu'un même élan et qu'une seule voix pour protester.

La science, qui s'était mise si complaisamment au service de la théodicée cartésienne au point de destituer toutes les bêtes de la faculté de vouloir et de sentir, la science ne pouvait se montrer plus intraitable envers un préjugé couvert par la protection universelle de tous les enseignements et de toutes les croyances. L'histoire naturelle a donc pris fait et cause pour le dogme de l'unité indivisible et absolue de l'être humain ; mais pour protéger ce palladium contre les révélations désastreuses de la physiologie des invertébrés, deux marches différentes, deux sortes d'expédients ont été choisis. Les uns ont nettement compris que le polyzoïsme constitutif chez les animaux sans vertèbres étant un fait avéré, il ne restait qu'un moyen de sauver le monozoïsme dans l'homme, c'était de faire sauter le pont qui nous unit à ces tribus inférieures du règne animal. En conséquence, ces naturalistes ont déclaré tout uniment que le vertébré et l'invertébré sont construits sur deux plans totalement distincts et dissemblables, et que les deux organisations n'ont entre elles rien de commun. Nous allons examiner tout à l'heure les arguments qui ont été produits à l'appui de cette thèse hardie.

Les naturalistes de l'autre école, procédant à rebours des premiers, ont commencé par établir avec un soin particulier, avec un véritable luxe de témoignages, et sans paraître se préoccuper des conséquences, que la série des vertébrés n'est qu'un prolongement direct de la série des invertébrés; que les deux types sont fondamentalement semblables; qu'ils ont, l'un comme l'autre, le *zoonitisme* ou polyzoïsme pour base.

Cette large concession faite à la vérité scientifique, alors seulement on parut se douter du coup mortel qui devait en résulter pour le dogme du *monozoïsme*. On eut l'air de vouloir se raviser; mais, vu l'impossibilité de rétracter tant de preuves matérielles, tant de faits décisifs mis à découvert, on a essayé de jeter un nuage sur ces faits pour en dissimuler la signification et la portée.

Le naturaliste distingué qui occupe la chaire de zoologie au Muséum a présenté dans les termes suivants la défense de la première de ces deux doctrines, à laquelle il s'est rallié à la suite d'un autre physiologiste français des plus éminents :

« Il n'y a pas que le système nerveux, dit-il, ou à sa place la vertèbre, qui différencie nettement les animaux vertébrés des animaux invertébrés. Sous bien des rapports, ceux-ci diffèrent *totalement* des premiers. Cette séparation, *presque absolue,* qui a soulevé les critiques si obstinées des naturalistes de l'école dite *philosophique;* parmi lesquels nous voyons Geoffroy Saint-Hilaire, en France, Gœthe et Oken, en Allemagne, demande à être établie par quelques développements.

« Une des premières notions à acquérir, — poursuit le professeur, — est relative à la distribution tout à fait différente, chez les vertébrés et les invertébrés, de cette chose si mystérieuse dans son essence même, cause suivant les uns, effet suivant les autres, qu'on appelle *la vie.*

« Si l'on regarde la vie comme une cause, un principe d'action ayant son origine dans tel ou tel point de l'organisme, et si l'on nous permet de représenter, pour ainsi dire, la vie par une quantité qui sera plus ou moins grande, suivant la puissance plus ou moins grande aussi de l'effet produit, nous dirons que, chez les invertébrés, la vie semble être répandue en égales quantités dans toutes les parties de l'organisme. Chez les vertébrés, au contraire, la vie se concentre en un point particulier de chaque individu, ou du moins dans une partie très-restreinte de son être. »

Le professeur continue : « Que si, dit-il, l'on veut voir dans la vie un effet, une résultante, on pourra exprimer le principe que nous voulons énoncer en disant que, chez les invertébrés, cette résultante ne paraît pas être la conséquence de l'action plus particulière de tel point de l'organisme, comme cela a lieu chez les vertébrés, où, pour employer une expression un peu trop rigoureuse pour de tels objets, la résultante semble appliquée à un ou à plusieurs organes spéciaux et distincts.

« Un exemple fera mieux ressortir le fait en question. Que l'on coupe une patte à un chien ; à part le trouble tout local qu'éprouvera l'économie, l'animal peut continuer à vivre. Si l'on poursuit la mutilation, on peut la pousser peut-être assez loin sans que la vie cesse , mais on arrive toujours à un point de l'organisme tel que, lorsqu'il est atteint, la vie disparaît brusquement. Ce point remarquable, où semble se concentrer la vie, ce *nœud vital,* pour employer l'expression de M. Flourens, se rencontre chez tous les vertébrés... » (*Revue des Cours scientifiques,* du 22 janvier 1865.)

Je n'ai pas le temps ici de suivre dans tous ses détours

la démonstration que vous venez d'entendre. J'ai eu, d'ailleurs, occasion de la discuter à fond autre part ; je vais me borner à en examiner le point principal, dans lequel, du reste, toute l'argumentation se résume.

Les vertébrés ont un *nœud vital*, centre commun et unique de toutes les impulsions de la vie ; les invertébrés n'ont pas de *nœud vital*. La vie, chez ceux-ci, émane de foyers multiples ou se présente uniformément répandue dans l'entière substance de l'organisme.— Telle est la proposition fondamentale de la doctrine. Quelques mots vont suffire, je l'espère, pour mettre à nu l'inanité d'un tel fondement.

On nous déclare magistralement qu'une lésion ou l'excision d'une certaine portion du bulbe rachidien « amène une disparition *brusque* de la vie. » Or, rien de tout cela n'existe, et l'on reste confondu en présence d'une inexactitude aussi téméraire. Non, mille fois non, le prétendu nœud vital n'est pas un centre unique de vie ; c'est tout au plus un centre d'innervation pulmonaire. Il n'est indispensable à la vie que parce que, et autant que, la respiration pulmonaire y est elle-même indispensable. Voici des faits, des faits vrais cette fois, qui, ce me semble, tranchent la question. Le passage suivant est tiré du *Traité de Physiologie* de M. Longet :

« Si l'ablation de la moelle allongée, dit ce professeur, peut faire perdre immédiatement la vie à un animal supérieur (mammifère ou oiseau), il n'en est pas de même, d'après les recherches de Brown-Séquard, des animaux à sang froid qui respirent aussi par la peau. La durée de la vie peut se compter par *mois*, pour les batraciens ; par *semaines*, pour quelques reptiles ; par *jours*, pour les poissons ; puis, par *heures*, pour les animaux hibernants (pendant l'hibernation et en employant l'insufflation pulmonaire) ; et par *minutes*, pour les oiseaux et les mammifères. » (*Traité de Physiologie,* par Longet, t. II, p. 396.)

Le *nœud vital,* en tant que caractère distinctif d'un plan d'organisation et d'un mode de distribution de la vie qui seraient propres aux vertébrés et qui les sépareraient des invertébrés d'une manière, comme on l'a dit, *presque abso- lue,* n'est donc qu'un expédient de l'esprit de système, une fiction, une chimère, une fable, dont il est temps que la science soit désabusée.

Le *polyzoïsme* étant donné comme loi générale d'organi- sation chez les animaux sans vertèbres, — et sur ce point tout le monde est d'accord, — une pensée qui doit se pré- senter de prime abord aux esprits non prévenus, c'est que le vertébré ne diffère sans doute de l'invertébré, quant au plan fondamental de sa structure, que de la manière dont l'invertébré des espèces supérieures se différencie lui- même de l'invertébré de bas étage, c'est-à-dire par plus de complexité, de spécialisation et d'unité dans le mécanisme sociétaire des organismes simples constituants ou *zoonites.* Or, cette induction de l'analogie est confirmée par l'obser- vation directe ; et la science, tant qu'elle oublie ses préoc- cupations extra-scientifiques pour juger seulement d'après les faits, rend pleinement témoignage à cette vérité. C'est ce dont on va pouvoir s'assurer à l'aide de quelques cita- tions. Je les ai empruntées à divers travaux dont l'autorité ne saurait être contestée.

Voici d'abord le jugement de votre éminent et regretté collègue Gratiolet :

« Les vertèbres, comme chacun sait, — dit-il excellem- ment, — sont à l'ensemble du squelette ce que les anneaux sont au corps des articulés ; or, de même que la définition d'un cylindre se retrouve dans toutes les sections de ce cylindre qui sont parallèles à sa base, de même, dans une seule vertèbre se retrouve l'idée du tronc tout entier ; en un mot, une vertèbre est au tronc ce que l'unité est au nombre dans une quantité concrète homogène.

« Ainsi, continue-t-il, il y a des segments dans le squelette, il y a des segments dans les muscles. Les nerfs périphériques s'accommodent à leur tour à cette segmentation, et l'observation démontre qu'il y a également des segments dans le système nerveux central.

« Cette proposition est certaine dans les animaux inférieurs. Dans certains annelés placés très-bas dans l'échelle, tantôt à chaque anneau correspond un ganglion distinct (exemple : le lombric terrestre), tantôt il y a un seul ganglion pour un nombre déterminé d'anneaux (exemple : les hirudinées bdelliennes).

« Dans la plupart des animaux vertébrés, dans les ovipares surtout, une tige étendue de la tête à la queue se substitue à cette chaîne des annelés. Cette tige, qu'enferme le canal rachidien, est la *moelle épinière*. Il y a certainement pour chaque anneau du segment vertébral une certaine partie de cette tige nerveuse ; mais cette partie, ce segment idéal est-il un segment réel ? Y a-t-il pour chaque vertèbre un ganglion nerveux central ? C'est là une question importante au point de vue de l'anatomie philosophique et de la physiologie générale.

« Gall a essayé l'un des premiers de la résoudre. Il pensait avoir vu dans la moelle des renflements successifs au niveau de chaque vertèbre. Cette proposition est surtout fort évidente dans la moelle épinière des oiseaux... M. de Blainville avait accepté cette opinion de Gall, à laquelle les expériences de Legallois, de Marshall Hall et de Mueller semblent avoir donné beaucoup de force ; et, en effet, si l'on accepte les idées de ces deux derniers physiologistes sur la force excito-motrice de la moelle, il semble que la division de l'axe médullaire en segments distincts s'ensuive nécessairement. »

Ainsi s'exprime Gratiolet. Son exposé, quoique bien

intéressant, est trop long pour être reproduit ici en entier.
Je passe à sa conclusion :

« Il nous semble donc, dit-il, que chaque segment de
la moelle peut être considéré comme un centre particulier
d'action, tout en admettant qu'à l'occasion de l'excitation
d'un segment, la modification se prolonge dans toute
l'étendue de la chaîne ou de la tige nerveuse, en avant et
en arrière du point qui a reçu l'excitation. Il y a donc à la
fois, dans l'axe nerveux, multiplicité et unité. » (Gratiolet,
Anatomie comp. du système nerveux, t. II, p. 6.)

Consultons maintenant le docteur Carpenter, l'illustre
professeur de physiologie de l'Université de Londres :

« Le cerveau et la moelle épinière de l'homme, dit-il,
dans laquelle se termine la très-grande partie des nerfs
afférents, et de laquelle naissent presque tous les nerfs
moteurs, peuvent être considérés comme formés par l'ag-
glomération d'un certain nombre de centres ganglionnaires
distincts, dont chacun a ses attributions propres et se rat-
tache à des troncs nerveux qui lui sont particuliers. Com-
mençant par la moelle épinière, nous trouvons, en la com-
parant à la chaîne ganglionnaire des animaux articulés,
qu'elle consiste réellement en une série de ganglions dis-
posés suivant une ligne longitudinale, et qui se sont soudés
l'un à l'autre, et dont chacun constitue le centre du *circuit
nerveux* propre à tout segment vertébral du tronc. » (*Manual of human Physiology.*)

Je couronne ces citations par deux extraits particulièrement remarquables empruntés aux excellentes *Leçons de
physiologie générale du système nerveux* de M. le professeur
Vulpian :

« Chez les annelés, dit ce physiologiste, chaque ganglion
correspond à un segment du corps formé souvent de plusieurs anneaux, comme, par exemple, chez la sangsue,
dont toutes les parties se répètent de cinq en cinq anneaux.

Chaque segment possède ainsi, outre son ganglion, une portion semblable des principaux appareils, même parfois des appareils des sens. Il en est ainsi du polyophthalme, chez lequel, comme l'a montré M. de Quatrefages, chaque segment est muni de deux yeux rudimentaires qui reçoivent chacun du ganglion correspondant un filet nerveux, véritable nerf optique. Ces segments séparés ont été nommés des *zoonites* par Moquin-Tandon. Ce professeur considérait les animaux de cet embranchement comme formés chacun de plusieurs animaux élémentaires placés les uns à la suite des autres. *Cette idée est très-ingénieuse* ET TRÈS-VRAIE. *Chez les animaux supérieurs eux-mêmes, on trouve un vestige de cette division dans la colonne vertébrale.* »

Voici le second passage :

« Un autre fait bien constant, écrit ailleurs le même auteur, c'est que, ainsi que l'ont fait ressortir Moquin-Tandon, Dugès et d'autres, chaque ganglion est un centre indépendant d'action réflexe et d'actions coordonnées, adaptées. Je vous ai déjà cité les expériences de Dugès sur ce point. *On ne doit jamais perdre de vue ce fait en physiologie générale. Ce qui est vrai ici, l'est encore pour chaque segment de la moelle des vertébrés. La moelle épinière, de même que la chaîne ganglionnaire des annelés, est une série linéaire de centres à la fois indépendants et gouvernés.* Permettez-moi cette comparaison : ce sont des provinces avec une administration autonomique, mais soumises, dans certaines limites, à une autorité supérieure. » (Vulpian, *Leçons sur la physiologie du système nerveux*, p. 787.)

La similitude fondamentale d'organisation entre les vertébrés et les invertébrés ; l'existence chez les premiers, comme chez les derniers, de la constitution zoonitique, ne sauraient être reconnues et affirmées d'une manière plus catégorique qu'elles l'ont été par les savants autorisés dont je viens de rapporter les déclarations. Mais après avoir

proclamé ce grand fait de physiologie générale et contri-
bué pour une part considérable à l'établir dans la science,
en ont-ils accepté avec fermeté toutes les conséquences ?
Non , ainsi que je l'ai dit plus haut. Il en est une , et c'est
la principale, devant laquelle ils reculent tous ; mais en
vain se jettent-ils dans des faux-fuyants pour l'éviter. Aux
professions de foi si nettes et si fortement motivées qui
précèdent, ils ont ajouté les commentaires restrictifs et
atténuatifs que voici, comme un sacrifice obligé à l'idole de
l'unité indivisible de l'homme.

M. Gratiolet d'abord :

« Toutefois, — écrit-il à la suite du passage si remarquable que nous avons donné plus haut, — nous devons
reconnaître qu'en distinguant très-nettement les actions
excito-motrices d'avec celles qui ont l'intelligence pour
principe ; qu'en suivant ainsi la loi tracée par M. Flourens,
M. Marshall Hall a rendu un grand service à la science ;
en effet, l'*automate est excité* ; IL NE SENT POINT. L'EXCITABILITÉ
appartient à la moelle ; la SENSIBILITÉ dépend d'un autre
appareil, le cerveau. » (Gratiolet, *Anatomie comparée du système nerveux*, t. II. p. 6.)

Je passe à M. Carpenter :

« Ces actions réflexes anormales de la moelle épinière de
l'homme, — écrit-il à propos d'une observation très-inté-
ressante du docteur W. Budd, — bien que puissantes parfois, ont beaucoup moins de régularité et d'*intentionalité*
(purposiveness) apparente que n'en ont les mouvements
exécutés par les vertébrés inférieurs (la grenouille, par
exemple) après la décapitation, ou la section de la moelle,
lesquels, sous ce rapport, se rapprochent des mouvements
réflexes des animaux articulés. Il ne faudrait pourtant pas
conclure de ce fait, — continue l'auteur, — qu'il existe
aucune différence essentielle dans les propriétés de la
moelle entre l'homme et les animaux inférieurs, ou qu'il y

ait en jeu, dans ceux-ci, un agent *psychique* quelconque faisant défaut dans le premier cas. Nous avons vu déjà que les combinaisons le plus parfaitement adaptées de mouvements musculaires tendant tous manifestement à un but déterminé, n'impliquent pas nécessairement par elles-mêmes qu'elles soient le résultat d'un dessein ou d'un choix volontaire de la part de l'organisme qui les exécute ; et, d'un autre côté, ranger dans certains cas ces mouvements en dehors de la catégorie des actions *automatiques*, équivaudrait à attribuer à la moelle épinière le pouvoir de les produire et de les régler avec choix et conscience ; or, nous avons toute raison de croire qu'un pareil pouvoir appartient EXCLUSIVEMENT aux parties supérieures des centres cérébro-spinaux. (*Manual of human Physiology.*)

M. Vulpian formule à son tour la restriction de rigueur, mais avec l'accent du doute le plus prononcé, et moins, ce me semble, pour nous cacher la vérité que pour nous la faire entrevoir. Quoi qu'il en soit, voici comment il s'exprime ; il s'agit des ganglions de la chaîne nerveuse des annelés :

« Ces ganglions, dit-il, sont en outre la source de mouvements spontanés, *du moins en apparence* ; c'est ce que vous allez constater vous-mêmes en examinant cette écrevisse, sur laquelle je viens de pratiquer une section transversale de la chaîne ganglionnaire, au niveau d'un des intervalles qui séparent les anneaux de l'abdomen. Vous voyez que les mouvements d'ensemble de la natation sont abolis ; l'animal ne peut plus fléchir brusquement l'abdomen, comme il le faisait auparavant pour se lancer d'avant en arrière. Mais vous observerez encore quelques mouvements de temps en temps dans les fausses pattes abdominales, mouvements spontanés, *du moins en apparence*, simultanés, rhythmés, avec des caractères normaux. Ces mouvements ne sont *sans doute* que des *mouvements machinaux*, provoqués par le contact de l'eau ou par l'irritation de la plaie, et analogues à ces mouvements de locomotion, spontanés aussi EN APPARENCE, qu'exécutent de temps à autre les vertébrés supérieurs auxquels on a enlevé le cerveau proprement dit. » (*Leçons sur la phys. génér. du syst. nerveux.*)

Nous devons beauconp de reconnaissance aux savants que nous venons d'entendre pour leur démonstration magistrale du zoonitisme dans l'organisme de l'animal à vertèbres ; il faut donc leur pardonner si, trop soucieux de la pudeur du préjugé, ils ont essayé de couvrir d'une ombre la nudité de cette vérité si jeune et si belle, qui, grâce à leurs soins, nous était donnée. Mais le moment est arrivé où l'esprit scientifique veut dépouiller cette vérité vierge de tous ses voiles pour la féconder.

L'universalité du *zoonitisme* posée en principe, pour empêcher que le *polyzoïsme* humain s'ensuive, on tente de soutenir que, chez les vertébrés, et particulièrement chez l'homme, le zoonite de la tête est le seul qui soit animé, le seul qui possède la sensibilité, la conscience, la volonté, et que tous les autres zoonites, bien que semblables au premier sous le triple aspect histologique, organologique et fonctionnel, ne sont néanmoins que des automates ! Qu'a-t-on apporté à l'appui de cette thèse ? — Des suppositions gratuites et tout à fait arbitraires, des assertions dénuées de toute preuve et contraires à la vraisemblance, des conclusions en contradiction flagrante avec les prémisses ; rien de plus.

Les mouvements de natation exécutés par les zoonites moyens d'une écrevisse dont on a isolé le ganglion cérébroïde, les mouvements qu'une grenouille décapitée fait avec ses pattes pour écarter la pince ou le scalpel qui la blesse, ne sont intentionnels et conscients qu'en *apparence*, a-t-on prétendu. Mais l'apparence n'est-elle donc pas, dans tous les cas, notre criterium unique pour constater la présence d'un état intime de sensation et de volition en dehors de nous-mêmes, en dehors de notre *moi* propre ?

Lorsque je vois ici chacun de mes collègues exécuter des actes qui sont intelligents et volontaires en apparence, c'est-à-dire qui sont analogues aux actes qui, chez moi, traduisent extérieurement le fait intime de vouloir, de sentir, de penser, je m'en fie à cette apparence ; je juge que, comme moi, mon voisin est un être conscient, sensible et doué d'intelligence, bien qu'un tel jugement ne repose au fond que sur une pure induction de l'analogie et qu'il y ait impossibilité absolue de le vérifier par une observation directe ; car ce ne sont que mes sensations et mes pensées à moi dont je puisse avoir conscience, c'est-à-dire de l'existence desquelles je puisse obtenir une connaissance directe et une certitude véritable.

Et, dans l'espèce, si les mouvements déterminés par les centres ganglionnaires inférieurs d'un crustacé, ou par les centres spinaux d'un batracien, ont une nature et une origine purement mécaniques, pourquoi donc les mouvements dus à l'impulsion du centre nerveux céphalique de ces animaux ne seraient-ils point des mouvements purement machinaux aussi ? L'apparence seule témoigne du contraire ! Pourquoi l'écrevisse tout entière, pourquoi la grenouille encore dans son intégrité et se mouvant par l'impulsion combinée de son centre encéphalique et de ses centres spinaux, pourquoi ne seraient-elles pas de *pures machines*, comme lorsqu'elles se meuvent sous l'impulsion isolée de leurs centres nerveux secondaires ? En un mot, pourquoi ne pas revenir tout uniment au « pur automatisme des bêtes » ? Ce serait plus simple et ce ne serait pas plus irrationnel.

Oui, si l'automatisme des mouvements dits *réflexes* est une vérité, l'automatisme de la bête entière est aussi une vérité ; et si l'automatisme des bêtes n'est qu'un mensonge, l'automatisme des centres de la moelle est aussi un mensonge. Les deux automatismes sont solidaires ; il faut les rejeter tous deux ou les admettre tous deux : cette alternative est inévitable.

La physiologie et la médecine, la psychologie et la morale se sont accordées jusqu'à ce jour à regarder l'homme comme une unité vivante, sentante et pensante, entièrement compacte et irréductible, comme un corps animé un et simple ; et, sur cette première et commune croyance, toutes leurs institutions dogmatiques et pratiques se sont formées. Or. de nouveaux faits semblent venir aujourd'hui nous démontrer que cette croyance est une erreur ; que l'être humain est, en réalité, une collection d'organismes, une collection de vies et de *moi* distincts, et que son unité apparente est tout entière dans l'harmonie d'un ensemble hiérarchique dont les éléments, rapprochés par une coordination et une subordination étroites, portent néanmoins, chacun en soi, tous les attributs essentiels, tous les caracres primitifs de l'animal individuel.

Un tel principe est sans doute menaçant pour tout un vaste système d'idées et de choses établies ; mais suivons-le dans ses conséquences, et nous serons convaincus que, s'il vient détruire, il vient aussi édifier, et que son œuvre, toute de vérités positives, est préférable mille fois à l'échafaudage d'illusions auquel cette œuvre sera substituée.

Si, plus tard, la Société veut bien m'accorder encore son attention, j'esquisserai devant elle quelques-unes des applications spéciales les plus intéressantes de la loi du *polyzoïsme* ; mais il ne faut pas s'exposer à renouveler l'histoire de la dent d'or. Donc, avant de spéculer sur les applications du nouveau principe, assurons-nous bien d'abord que ce principe existe, qu'il est fondé en raison et en fait. Afin d'éclairer ce point préalable, je suis venu vous le soumettre ; si je ne m'abuse, un tel sujet de discussion sera digne de votre intérêt et de vos lumières.

Paris. — Typographie RENOUARD ET FILS, rue du Boulevard, 7.

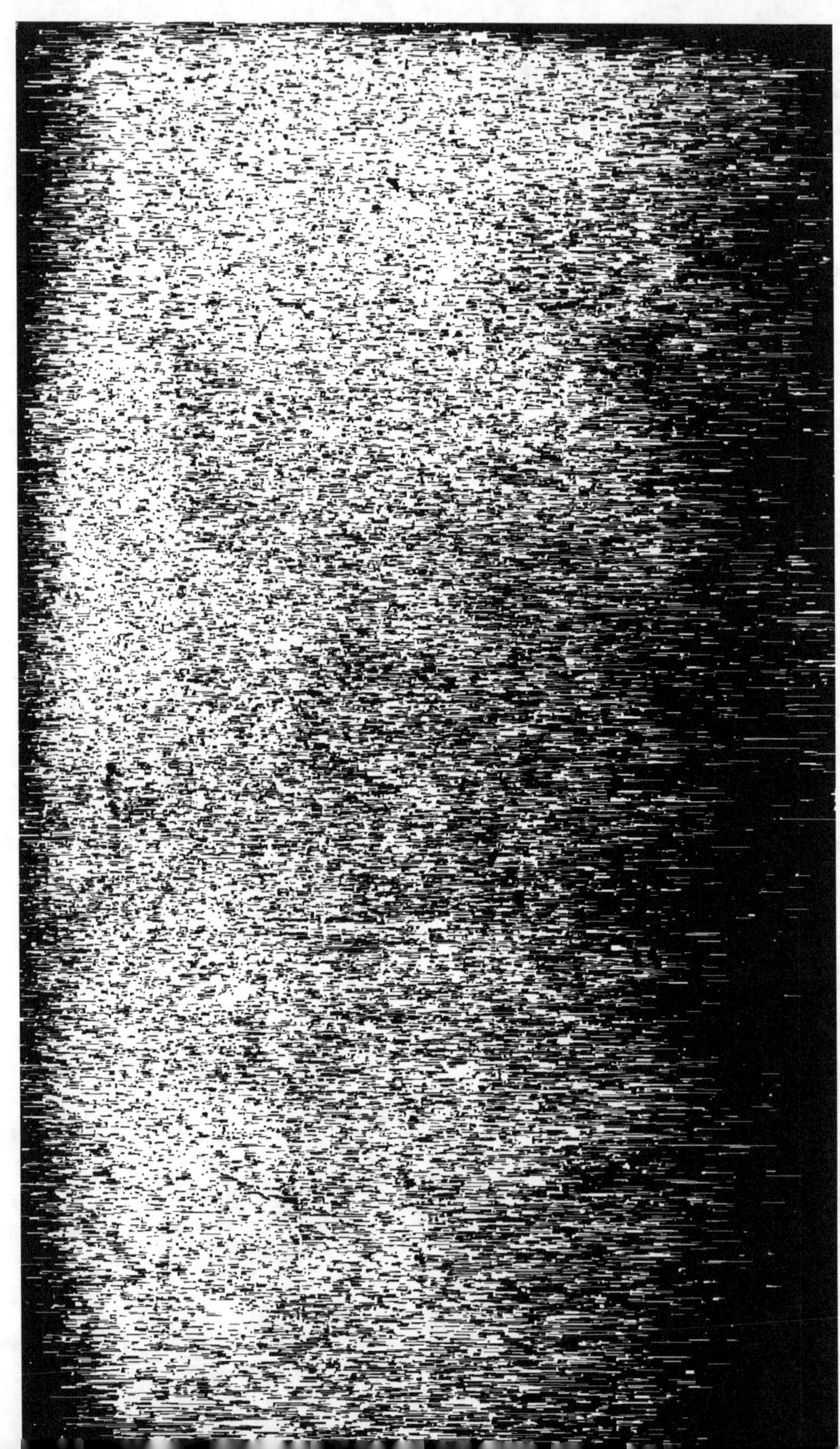